Better
than
ever ♡

Better
than
ever ♥

Better than Ever

{ }

宴下幸福

願 我 們 都 比 昨 天 的 自 己　更 美 好

suncolor
三采文化

曾經，在夢中，
我們素不相識。
夢醒，卻發現彼此相親。

——泰戈爾

Once we dream that we were strangers.
We wake up to find that we were
dear to each other.

夏日遠逸，悄然如憂傷離去，
如此纖靜難覺，不像是背信。
午後已感薄暮微光靜透，一種濃厚的寂靜，
或是大自然消磨隱居的下午，
黃昏早臨、晨光陌生，像急欲離去的客人。
那種多禮惱人的風度，
就這樣，無需翅膀或小船勞送，
我們的夏日飄然逃逸，進入了美之地。

——艾蜜莉‧狄金生

人類的幸福很少來自偶爾發生的好運，
大多來自每天都有的小確幸。

——富蘭克林

Human felicity is produced not so much by great pieces of good fortune that seldom happen, as by little advantages that occur every day.

人之所以愛旅行，不是為了抵達目的地，
而是為了享受旅途中的種種樂趣。

——歌德

生活是一輛永無終點的公車，
當你買票上車後，很難說會遇見怎樣的旅伴。
但是要用什麼方式，將旅伴吸引到身邊，
卻是你可以掌握和決定。

——愛默生

友誼與愛情一樣，
唯有在無需做作和謊言的朋友前，
能夠與之自然的相處與生活，
才會感到愉快。

——莫洛亞

愛情並非用眼睛看，而是要用心去判斷。

——《仲夏夜之夢》

星星很美，那是因為有一朵
我們看不見的玫瑰花藏在那裡。

——《小王子》

人只有用自己的心才能看清楚事物，
真正重要的東西，光用肉眼是看不見的。

——《小王子》

It is only with the heart that one can see rightly; what is essential is invisible to the eye.

我們能互相給予最佳的禮物，
就是真心的關懷。

——《小婦人》

愛情是燈，友情是影子，
當燈滅了，你會發現
你的周圍都是影子。
朋友，是在最後
可以給你力量的人。

——《當哈利遇見莎莉》

真正的朋友不把友誼掛在嘴上，
他們不要求從對方身上得到什麼，
而是互相為對方做能力所及的事。

　　──別林斯基

真正的友誼是能容忍朋友提出忠告，
並使自己接受勸告。

——西塞羅

世間最美好的東西，
莫過於有幾位頭腦和心地都很正直與嚴正的朋友。

——愛因斯坦

幸福並不在於多友，
而在於慎擇友人及其價值。

——約翰生

朋友是生活中的陽光。

——易卜生

不要靠饋贈來獲得友誼。你必須貢獻你誠摯的愛，
學習怎樣用正當的方法，來贏得一個人的心。

——蘇格拉底

人生至高無上的幸福，
莫過於確信自己被人所愛。

——雨果

愛能統治王國，不必一把利劍。

——赫伯特

*Love rules his kingdom
without a sword.*

學會愛人，學會懂得愛情，
學會做一個幸福的人。
要學會尊重自己，學會人類的美德。

——馬卡連柯

少關心別人的逸聞私事，
多留意別人的思路觀點。

——居里夫人

生活得最有意義的人，
並不一定是年歲活得最長的人，
而是對生活最有感受的人。

——盧梭

對於大多數人來說，
他們認定自己有多幸福，就會多幸福。

──林肯

Most folks are about as happy as they make up their minds to be.

星星在哪裡都是很亮的，
就看你有沒有抬頭去看它們。

——《玻璃樽》

幸福不是一個目的，而是一個方向；
只要你肯出發，就能找到它。

——《愛情停看聽》

只有能給出去的事物，
才是自己真正擁有的。

——《小婦人》

相信你的心，並讓命運做決定。 ──《泰山》

午夜的鐘已經敲了十二下；
戀人們，去睡吧，這差不多是小仙們出動的時候。

——《仲夏夜之夢》

我也說不準是在什麼時間、什麼地點，
大概是你的一顰一笑、你的一言一語，
讓我愛上你的。

這是好久以前的事了，當我意識到的時候，
我已經在愛河中跋涉了一半的路程了。

──《傲慢與偏見》

這愛情的蓓蕾，經夏日的薰風吹拂，
待下次我們見面時，會變成美麗的花朵。

——《羅密歐與茱麗葉》

好的愛情是你通過一個人看到整個世界，
壞的愛情是你為了一個人捨棄世界。

——《兩小無猜》

生活是用來經營的，不是用來計較的；
感情是用來維繫的，不是用來考驗的。

——《控制》

Your heart is priceless,
it just got treated as worthless.

不是你的心不珍貴，而是那個人不懂得珍惜。

——《大亨小傳》

請記得，你的價值永遠不會因為
遇到了不懂欣賞的人而減少。

——《無敵破壞王》

我們每個人都生活在各自的過去中，
人們會用一分鐘的時間去認識一個人，
用一小時的時間去喜歡一個人，
再用一天的時間去愛上一個人，
到最後呢，卻要用一輩子的時間去忘記一個人。

—— 《麥迪遜之橋》

當你的心真的在痛，眼淚快要流下來的時候，
那就趕快抬頭看看，這片曾經屬於我們的天空；
當天依舊是那麼的廣闊，雲依舊那麼的瀟灑，
那就不應該哭，因為我的離去，
並沒有帶走你的世界。

——《窗外有藍天》

人生就像一盒巧克力，
你永遠不知道你會吃到什麼口味。
每天都要吃點苦的東西，以免忘記苦味。

——《阿甘正傳》

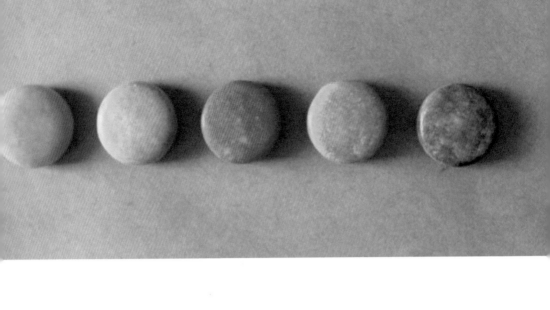

把手握緊，裡面什麼也沒有；
把手放開，你得到的是一切！

——《臥虎藏龍》

曾經擁有的，不要忘記。不能得到的，更要珍惜。
屬於自己的，不要放棄。已經失去的，留作回憶。

——《曾經‧愛是唯一》

於是我們奮力前進，卻如同逆水行舟，
註定要不停地回到過去。

——《大亨小傳》

So we beat on, boats against the current, borne back ceaselessly into the past.

不要害怕再次去愛。

留心身邊愛的訊號，因為你知道生命是有盡頭的。

—— 《P.S. 我愛你》

無論明天發生什麼事，至少我們有今天。

——《真愛挑日子》

我不覺得人的心智成熟是越來越寬容涵蓋，
什麼都可以接受。
相反，我覺得那應該是一個逐漸剔除的過程，
知道自己最重要的是什麼，知道不重要的東西是什麼。
而後，做一個純簡的人。

—— 《阿甘正傳》

我喜歡並習慣了對變化的東西保持著距離，
這樣才會知道什麼是最不會被時間拋棄的準則。

比如愛一個人，充滿變數，
我於是後退一步，靜靜地看著，
直到看見真誠的感情。

——《西雅圖夜未眠》

生命與生活，在平時往往被忽略，
只有在戰爭時才被人感覺它的美好。

其實生命真正的意義，在於能夠自由地享受陽光、
森林、山巒、草地、河流……，這些平實的滿足。
至於其它則是無關緊要的。

——《戰爭與和平》

你有自由，我有地位，
讓我們來交換彼此最想要的東西吧？

——《王子與乞丐》

有時候孩童比大人更能看清事情的真相。

——《小飛俠》

有一種東西，比我們的面貌更像我們，
那便是我們的表情；還有另外一種東西，
比表情更像我們，那便是我們的微笑。

——雨果

你以為我貧窮、低微、不美、渺小，
我就沒有靈魂，沒有心嗎？
你想錯了，我和你有同樣多的靈魂，一樣充實的心。

——《簡愛》

不要對我不尊敬，
就算是太陽得罪我，我也會出手痛擊。

——《白鯨記》

我想要得到一顆心，
因為心能使一個人快樂，
快樂是世界上最好的東西。

——《綠野仙蹤》

請指引我的箭，
射向惡徒那顆汙濁的心臟吧！

——《俠盜羅賓漢》

眼睛不能看到你，
因為你是眼睛中的瞳仁；
心靈不能瞭解你，
因為你是內心深處的祕密。

——泰戈爾

黑夜使眼睛失去了作用，
卻使耳朵的聽覺更加靈敏，
它雖妨礙視覺活動，
卻給予聽覺加倍的補償。

——莎士比亞

為什麼從前我未曾留意到這片天空？
如今總算注意到了，真是幸福。
除了這片廣闊的天空之外，其於一切都是空虛與欺騙，
除了這片天空外，任何東西都不存在。

——《戰爭與和平》

Truth needs no colour; beauty, no pencil.

真理不需色彩，美麗不需塗飾。 ——莎士比亞

外表的美只能取悅於人的眼睛，
而內在的美卻能感染人的靈魂。

——伏爾泰

名稱有什麼關係呢？
玫瑰不叫玫瑰，依然芳香如故。

——莎士比亞

美德是勇敢的，
善良從來無所畏懼。

——莎士比亞

Virtue is bold,
and goodness never fearful.

If winter comes,
can spring be far behind？

冬天來了，春天還會遠嗎？ ——雪萊

如果你因錯過了太陽而流淚，
　　那麼也將錯過群星。

　　　　　　　　——泰戈爾

樂觀是希望的明燈，指引著你從危險峽谷中步向坦途，
使你得到新生命與新希望，支持著你的理想永不泯滅。

——達爾文

Life is like riding a bicycle.
To keep your balance you must keep moving.

人生就像騎單車，
想保持平衡就得往前走。

——愛因斯坦

一個從未犯錯的人，是因為他不曾嘗試新鮮事物。

———愛因斯坦

The man who has made up his mind to win will never say "impossible".

凡是決心取得勝利的人，是從來不說「不可能」的。

——拿破崙

沒有人生來勇敢，勇敢並不是不怕，
而是要假裝勇敢，並學會克服恐懼。

——曼德拉

小草，你的步履雖小，卻在足下擁有整片大地。

——泰戈爾

如果說我有什麼功績的話，
那不是我有才能的結果，而是勤奮有毅力的結果。

——達爾文

天空雖不曾留下痕跡，
但我已飛過。

——泰戈爾

我們的身體就像一座花園，
我們的意志是這花園的園丁。

　　——莎士比亞

每天都是嶄新的一天，走運當然很好，
不過，我寧可把所有事情都安排得分毫不差。
這樣等到機會來臨時，我就有充分的準備了。

——《老人與海》

擁有好想法，如果不去實行，
就和做了一個好夢一樣。

——愛默生

不要因為一次的挫折，
就放棄你原來決心要達到的目標。

——莎士比亞

如果你有夢想，就要好好保護它。

別人辦不到，就會說你也辦不到，

如果你想要什麼，就設法去追求，就這樣。

——《當幸福來敲門》

英雄是能打破無稽誓言的。

——《湯姆歷險記》

我可能沒有自己所想的那麼強壯，
可是我有很多訣竅，而且我有決心。

——《老人與海》

用得不當，善會變成惡；
好好利用，有時惡亦有好結果。

——《羅密歐與茱麗葉》

涓滴之水可磨損大石，不是由於它力量強大，
而是由於不舍晝夜的滴墜。
只有勤奮不懈的努力，才能夠獲得那些技巧。

——貝多芬

使人疲憊的不是遠方的高山，而是鞋裡的一粒沙子。

——伏爾泰

目標越接近，困難越增加。
但願每一個人都像星星一樣，
安詳而從容地不斷沿著既定的目標，
走完自己的路程。

——歌德

擁有聰明機敏的心智還不夠，
重要的是能好好運用我們的心智。

——笛卡兒

人類的幸福和歡樂在於奮鬥，
而最有價值的是，為理想而奮鬥。

——蘇格拉底

生活好比旅行，理想是旅行的路線，
失去了路線，只好停止前進。
生活既然沒有目的，精力也就枯竭了。

——雨果

完成工作的方法，是愛惜每一分鐘。
我從來不認為半小時是微不足道、很小的一段時間。
敢於浪費時間，哪怕是一個鐘頭，
都說明他還不懂得珍惜生命的全部價值。

——達爾文

如果工作是一種樂趣，人生就是天堂！

——歌德

生氣，是拿別人的錯誤來懲罰自己。

——康德

I don't pretend to understand the universe— it's much bigger than I am.

我並不假裝理解宇宙——
它比我大多了。

——愛因斯坦

人要有三個頭腦，天生的一個頭腦，
從書中得來的一個頭腦，從生活中得來的一個頭腦。

——蒙田

把你的手放在熱爐上，一分鐘，感覺像一小時；
坐在一個漂亮姑娘身邊，一小時，感覺像一分鐘。
這就是相對論。

——愛因斯坦

It's not that I'm so smart,
it's just that I stay with
problems longer.

不是我很聰明，而是我和問題相處得比較久一點。

——愛因斯坦

我思，故我在。 ——笛卡兒

Je pense, donc je suis.

災難和幸福，像沒有預料到的客人那樣來來去去。
它們的規律、軌道和引力法則，是人們所不能掌握。

——雨果

一個人的青春時期一過，
就會出現像秋天一樣優美的成熟時期，
這時，生命的果實像熟稻子似，
在美麗平靜的氣氛中等待收穫。

——泰戈爾

當明天變成了今天成為了昨天，
最後成為記憶裡不再重要的某一天，
我們突然發現自己在不知不覺中已被時間推著向前走，
這不是靜止火車裡，與相鄰列車交錯時，
仿佛自己在前進的錯覺，而是我們真實的在成長，
在這件事變成了另一個自己。

——《單身公寓》

雖然家鄉沒有這裡美麗，但那裡有家人在等我！

——《綠野仙蹤》

這是一雙主婦的手，但遠比時髦美麗的手要寶貴得多，
　　　　我握著這樣一雙勤勞的手，覺得很榮幸。

　　　　　　　　　　　　　　——《王子與乞丐》

把人生看透徹，一定要真實地面對人生。
瞭解人生的本質，當你終於瞭解人生，
就能真正地熱愛生命，然後才捨得放下。　——《時時刻刻》

最終一切都會變得美好，
如果有不好的地方，就表示終點還沒到。

——《金盞花大酒店》

我每天提醒自己一百遍，我的生活，不管是內在或外在，
都是以他人（包括活著的和逝去的）努力的成果為基礎。
所以我必須盡力奉獻自己，希望能以同等的貢獻，
來回報長久以來從他人身上所獲得的一切。

——愛因斯坦

願你們每天都愉快地過著生活，
　　不要等到日子過去了，
　　才找出它們可愛之處，
也不要把所有特別合意的希望都寄望於未來。

　　　　　　　　　　　　——居里夫人

國家圖書館出版品預行編目資料

寫下幸福/美好生活創作群 編著. -- 初版. -- 臺北市：
三采文化, 2015.12
面；公分. -- (生活手帖；02)

ISBN 978-986-342-523-6(平裝)

1. 格言

192.8   104025567

生活手帖 02

寫下幸福

願我們都比昨天的自己更美好

編著｜美好生活創作群

主編｜郭玫禎

責任編輯｜黃若珊

美術主編｜藍秀婷

內頁編排｜陳育彤

封面設計｜徐珮綺

發行人｜張輝明　　　總編輯｜曾雅青　　　發行所｜三采文化股份有限公司

地址｜台北市內湖區瑞光路 513 巷 33 號 8 樓　　　傳訊｜TEL：8797-1234　FAX：8797-1688

網址｜www.suncolor.com.tw　　　郵政劃撥｜帳號：14319060　　　戶名：三采文化股份有限公司

本版發行｜2015 年 12 月 18 日　　　定價｜NT$280

Better than ever ♡

Better
than
ever ♡